AF498047

JASON,

OU
LA TOISON D'OR.

TRAGEDIE.

REPRESENTE'E
PAR L'ACADEMIE ROYALLE
DE MUSIQUE.

On la vend,

A PARIS,

A l'Entrée de la Porte de l'Academie Royalle de Musique,
au Palais Royal, ruë Saint Honoré.

Imprimée aux dépens de ladite Academie.

Par CHRISTOPHE BALLARD, seul Imprimeur du Roy
pour la Musique.

M. DC. XCVI.
AVEC PRIVILEGE DE SA MAIESTE'.

ACTEURS DU PROLOGUE.

PAN.

Suite de Pan.

Chœur de Bergers.

LA PAIX.

Suite de la Paix.

PROLOGUE.

Le Theatre repréſente une Campagne
coupée par le Fleuve de la Seine.

PAN.

N doux repos ſuſpend les troubles de la
    Guerre,
Dans nos tranquilles champs les Jeux vont
    revenir,
Et Mars las d'allarmer la Terre
Leur permet de ſe réünir.
Vous qui du Dieu des Bois révéreZ la puiſſance,
Et vous Peuples heureux qui vivez ſur ces bords,
    Par vos chants de réjoüiſſance,
    Faites éclater vos tranſports.

    Chantez la valeur & la gloire
    Du Heros qui vous rend heureux ;
    Et qu'une éternelle mémoire
Conſacre dans vos cœurs ſes bien-faits genereux.

ã ij

PROLOGUE.

CHOEUR.

Chantons la valeur & la gloire
Du Heros qui nous rend heureux ;
Et qu'une éternelle mémoire
Confacre dans nos cœurs fes bien-faits genereux.

PAN.

Quel bruit harmonieux ici fe fait entendre ?
Quelle douce clarté fe répand dans les Airs ?
Ces nuages brillans, ces aimables concerts,
M'annoncent que la Paix en ces lieux va fe rendre.

Déeffe des plaifirs, douce & charmante Paix,
Quel deftin fortuné vous rend à nos fouhaits ?

LA PAIX.

Un Roy que le Ciel a fait naitre
Pour partager les foins & le pouvoir des Dieux,
Fixe mon féjour en ces lieux ;
C'eft luy qui fur ces bords m'ordonne de paraître.
La Guerre contre moy ligue tous les mortels,
Leur perfide cœur m'abandonne
Pour fuivre la fiére Bellonne,
Et leur main facrilége a brifé mes Autels ;
Mais contre leur rage funefte
Ce Heros m'offre un feur appuy,
Et fon Empire eft aujourd'huy
Le feul azile qui me refte.

PROLOGUE.

PAN.

Vainqueur de cent Peuples jaloux
Il ne porte chez eux le flambeau de la Guerre,
Que pour forcer leur injuste couroux
D'accepter le repos qu'il veut rendre à la Terre.

LA PAIX.

C'est en vain qu'à ses ennemis
Son cœur se montre favorable,
Leur orgueil mille fois soûmis
Renaît du malheur qui l'accable.

PAN.

Quel est de cet orgueil le déplorable fruit ?
De leurs derniers efforts tout l'effet se reduit
A pouvoir immoler leurs Peuples en allarmes
A toutes les horreurs de Mars,
Et contre leurs propres ramparts
Tourner la fureur de leurs armes.

LA PAIX.

Laissons-les s'égarer dans leurs vagues projets,
Et goutons les douceurs d'un repos plein d'attraits.

PROLOGUE.

Tous deux enfemble.

Préparons des feftes nouvelles,
Rapellons en ces lieux l'Amour & les Plaifirs;
Et par des Chanfons immortelles,
Signalons le bonheur qui s'offre à nos defirs.

Le Chœur repete ces quatre derniers Vers ;
la fuite de la Paix & celle de Pan forment une
Entrée, au milieu de laquelle deux Bergers chan-
tent feparément les deux Couplets qui fuivent.

1. BERGER.

Toft ou tard l'Amour nous engage,
C'eft un jufte tribut qu'on doit à ce Vainqueur ;
Quand la raifon nous dit que nous avons un cœur
L'Amour nous en apprend l'ufage.

2. BERGER.

En vain pour fuïr l'Amour un cœur veut fe con-
traindre,
C'eft un feu qu'on ne peut calmer ;
Et tout ce qu'on fait pour l'éteindre
Ne fert fouvent qu'à l'allumer.

PROLOGUE.

LA PAIX.

Retraçons aujourd'huy la celebre entreprise
Qui conduisit Jason sur les bords de Colchos,
Et montrons ce que peut la vertu d'un Heros,
Lorsque le Ciel la favorise.

LE CHOEUR.

Charmans Plaisirs, Jeux pleins d'appas,
Venez, rassemblez-vous dans ces heureux Climats.

FIN DU PROLOGUE.

ACTEURS
DE LA TRAGEDIE.

AÊTE *Roy de Colchos.*

MEDE'E *celebre Enchanteresse, fille d' Aëte.*

JASON *chef des Argonautes.*

ORPHE'E *l'un des Argonautes, confident de Jason.*

HIPSIPILE *Reine de Lemnos.*

Chœur de Combatans qu'on ne voit point.

Suite du Roy.

Suite de Medée.

VENUS.

NEPTUNE.

Suite de Neptune.

Troupe de Demons.

L'AMOUR.

Suite de l'Amour.

LA SIBILLE.

Suite de la Sibille.

Chœur & Troupe d'Argonautes.

Troupe de Combatans sortis de la Terre.

JASON,
TRAGEDIE.

ACTE PREMIER.
Le Theatre repréſente un Camp.

SCENE PREMIERE.
JASON, ORPHE'E.
ORPHE'E.

'Eſt trop garder un timide ſilence,
Nos Grecs ſi long-temps abuſez,
Ne ſouffrent plus qu'avec impatience
Cet indigne repos où vous les réduiſez :
De la riche Toiſon ils cherchent la conqueſte,
Colchos garde en ces murs ce dépoſt précieux

A

Le Ciel nous y conduit, leur troupe est toute preste,
Et vous seul retardez ce dessein glorieux.

JASON.

Au milieu des horreurs d'une guerre effroyable,
Dois-je accabler encor un Roy trop déplorable
      Qui nous a comblez de bien-faits?
Le Scithe sur ces bords a porté l'épouvante,
D'un Combat furieux nous voyons les apprests,
Ce Prince espere en nous; Remplissons son attente,
      Combattons pour ses interests,
Et que de nostre Zéle une preuve éclatante
      Puisse autoriser nos projets.

ORPHE'E.

    Pour nous engager à vous croire
    Cessez de prendre un vain détour,
    Le voile pompeux de la gloire
    Sert souvent à cacher l'amour.

Aux rives de Lemnos une Reine charmante
      A long-temps arresté vos pas,
Et lorsqu'un sort heureux répond à nostre attente
La beauté de Medée amuse vostre bras.
      Ah! quand la Gloire nous appelle,
Est-il temps de languir dans une amour nouvelle?
N'en suspendrez-vous point le cours trop odieux?
Tant d'illustres Guerriers n'ont-ils quitté la Grece
      Que pour venir estre en ces lieux
      Les témoins de vostre foiblesse?

JASON.

Helas !

ORPHE'E.

Vous soupirez ?

JASON.

Tu connois mes malheurs,
Vainement je voudrois te cacher mes douleurs.
Hipsipile m'aimoit, mon cœur brûloit pour elle,
Les jours les plus heureux n'estoient faits que pour
*   nous ;*
Fatal devoir, gloire cruelle,
Que je serois heureux sans vous !
Il fallut la quitter, cette Reine si belle,
La perte d'un bonheur que je trouvois si doux
Porte à mon cœur les plus sensibles coups ;
Plus mon sort eut d'attraits, plus ma peine est mortelle.

Trop cruel souvenir d'un bonheur qui n'est plus !
N'offrez plus à mon cœur vostre douceur passée,
Eloignez-vous, fuyez de ma triste pensée ;
Pourquoy m'entretenir des biens que j'ay perdus ?
Je guérirois des maux dont j'ay l'ame blessée
Si de mes esprits prévenus
Vostre image estoit effacée :
Trop cruel souvenir d'un bonheur qui n'est plus !
N'offrez plus à mon cœur vostre douceur passée.

 JASON,

ORPHE'E.

Tandis qu'en cette Cour vous prodiguez vos vœux,
Croiray-je qu'Hisipile occupe encor vostre ame?

JASON.

Ecoute le secret de ma nouvelle flâme,
  Et plain mon destin rigoureux;
En perdant la Toison le Roy perd sa puissance;
  Pour prévenir les coups du sort
Medée a de son art employé l'assistance;
  Que peut contre elle un inutile effort?
  Et quelle valeur indomtable
De ses enchantemens pourroit forcer le cours?
  Pour vaincre son art redoutable
L'Amour, le seul Amour m'offre icy son secours:
Cependant conçois-tu l'excés de ma tristesse?
A de feintes ardeurs j'immole ma tendresse,
Malgré moy je trahis un objet plein d'appas:
  Ah! c'est une rigueur extrême
  D'estre réduit à quitter ce qu'on aime
  Pour s'attacher à ce qu'on n'aime pas.

ORPHE'E.

Je voy paroître la Princesse.

JASON.

Cours rassembler nos Grecs, je te suy, laisse-nous.

SCENE SECONDE.

JASON, MEDE'E.

JASON.

PRincesse, où vous exposez-vous ?
Ah ! fuyez un séjour d'horreur & de tristesse.

MEDE'E.

Je ne viens point par un indigne effroy
Arrêter en ces lieux l'ardeur qui vous anime ;
Partez, volez, courez servir le Roy :
Aux Heros tels que vous c'est un soin legitime,
Plus vôtre cœur est magnanime,
Et plus il est digne de moy.

JASON.

Ne puis-je obéir à ma gloire
Qu'en quittant l'objet que je sers ?
Tous les honneurs de la victoire
Pourront-ils me payer des douceurs que je pers ?

MEDE'E.

Vous m'aimez, vôtre ardeur m'est chere,
Je frémis des perils où vous allez courir ;
Mais le devoir l'ordonne il luy faut obéïr,
Et l'Amour doit se taire.

JASON,

Adieu Jason, évitez-moy,
Je sens redoubler mes allarmes ;
Fuyez de dangereuses larmes ;
Je crains pour vous le trouble où je me voy.

JASON & MEDE'E.

Ah ! quelle peine extrême
De quitter ce qu'on aime !
Que mon sort seroit doux !
S'il ne falloit jamais me séparer de vous.

SCENE TROISIE'ME.

MEDE'E, COMBATTANS derriere le Théatre.

COMBATTANS.

Courons, courons, où l'honneur nous appelle,
Remplissons tout de sang & de terreur :
Que le trépas, le carnage & l'horreur,
Nous ouvrent les chemins d'une gloire immortelle.

MEDE'E.

Que de cris furieux
Se font entendre dans ces lieux !

COMBATTANS.

Que nôtre ardeur se renouvelle,
Sous nos funestes traits tombez, audacieux.

MEDE'E.

O Dieux! ô justes Dieux!
Quelle rage cruelle!

COMBATTANS.

Que nôtre ardeur se renouvelle,
Sous nos funestes traits tombez, audacieux.

MEDE'E.

Quelle horreur! quelle triste image!
Mon cœur se sent glacer d'effroy;
Peut-estre en cet instant mon amant ou le Roy...,
O Ciel détourne un si cruel présage!
C'est à toy seul que j'ay recours,
Mon art de leurs destins ne peut changer le cours;
Je mets mon seul espoir en ta bonté suprême,
Conserve-moy tout ce que j'aime;
Juste Ciel! prens soin de leurs jours,
J'implore ton secours.

Mais tout redouble icy mon desespoir extrême.

COMBATTANS.

Périssez tous, périssez tous,
Cedez à l'effort de nos coups.

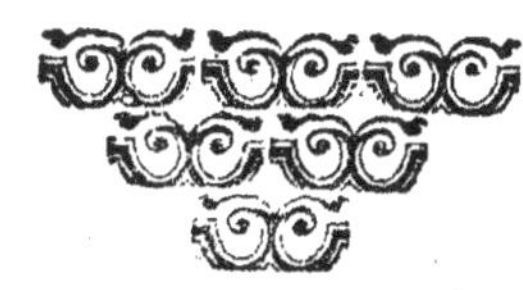

SCENE QUATRIE'ME.

MEDE'E, LE ROY.

LE ROY.

LE calme va bien-tôt succéder à l'orage ;
Nous triomphons, ma fille, & le Scithe est
      soûmis :
   Jason poursuit encor un reste d'ennemis,
Qui ne sçauroit long-temps occuper son courage :
      Vous allez revoir ce Vainqueur ,
         Moins satisfait de sa victoire
            Que sensible à la gloire
      D'avoir sçeu toucher vôtre cœur.

SCENE CINQUIE'ME.

LE ROY, MEDE'E, JASON. Suite du Roy.
Suite de Medée.

JASON au ROY.

VOs ennemis livrez au destin de la Guerre ,
   De leur perfide sang ont fait rougir la Terre :
Leur Roy seul échapé dans ce desordre affreux,
Traînoit de ses Soldats le débris malheureux :

                              Nos

Nos Grecs n'ont songé qu'à le suivre ;
Je l'ay joint dans ce bois, & sa mort vous délivre
D'un ennemy si dangereux.

LE ROY.

Aprés ce grand exploit est-il en ma puissance
De payer vos rares bien-faits :
Prescrivez-en la récompense ;
Et quel que soit le prix qu'éxigent vos souhaits,
Soyez seur des effets de ma reconnoissance.

Et vous peuples chantez l'invincible Heros
Qui vous asseure un plein repos,

LE ROY & MEDE'E.

Pour célébrer sa gloire
Réünissez vos voix ;
La paix & la victoire
Sont les fruits glorieux de ses fameux exploits.

CHOEUR.

Pour célébrer sa gloire
Réünissons nos voix,
La paix & la victoire
Sont les fruits glorieux de ses fameux exploits.

MEDE'E & JASON.

Il est tems de bannir les larmes,
Joüissons d'un sort plein de charmes,
Le Ciel rend nos vœux satisfaits :

B

JASON,

Tout céde à l'effort de nos armes,
Aprés de mortelles allarmes
Qu'il est doux de s'aimer en paix!

Une des Suivantes de MEDE'E.

Les Dieux ont pour nous
Fait éclatter leur puissance,
Nos voisins jaloux
Sont soûmis sans résistance;
De leur couroux
Ne craignons plus les atteintes;
Un sort plus doux
Finit le cours de nos plaintes;
Que de plaisirs
Vont s'offrir à nos desirs!

LE COEUR.

La Paix va regner sur la Terre,
Vivons heureux, profitons des beaux jours:
Les funestes cris de la guerre
Vont faire place aux doux chants des amours.

FIN DU PREMIER ACTE.

ACTE SECOND.

Le Theatre repréſente le Port de la Capitale de Colchide.

SCENE PREMIERE.

JASON ſeul.

Aiſſe-moy reſpirer, malheureuſe cõtrainte,
Funeſte effet d'une odieuſe feinte,
Triſte remords qui viens me déchirer,
Laiſſe-moy reſpirer.

Quelle honte, grands Dieux! ah! quel ſupplice extrême!
Je feins de haïr ce que j'aime,
Et d'adorer ce que je hais;
Je trahis de mon cœur les ſentimens ſecrets,
Je trahis Hipſipile, & Medée, & moy-même;
Quelle honte, grands Dieux! ah! quel ſupplice extrême!

Mais quoy ? ce riche don que je m'eſtois promis ,
Sans ce ſecours ne peut m'eſtre permis ;
Tout m'annonce une mort affreuſe ....
Que dis-je ? ah ! banniſſons une terreur honteuſe ,
Ce Prix ſeroit trop acheté
S'il falloit l'obtenir par une indignité.

Ma feinte à la Princeſſe a trop fait d'injuſtice ,
N'abuſons plus de ſa crédulité ;
Je vais par un aveu dépoüillé d'artifice
Faire éclater la verité.

Mais quels concerts ſe font entendre ?
Quelle Divinité dans ces lieux va deſcendre ?

SCENE SECONDE.

JASON, VENUS ſur ſon Char.

VENUS.

V Enus s'intereſſe à ton ſort.
Garde-toy d'écouter le dangereux tranſport
Où ton cœur s'abandonne.
L'Amour veut par tes ſoins eſtre victorieux ,
Tu dois ſuivre ce qu'il ordonne ,
La vertu des mortels eſt d'obéir aux Dieux.

JASON.

C'en est trop, Déeſſe charmante,
Je vais ſans balancer répondre à voſtre attente.

SCENE TROISIE'ME.

JASON, LE ROY, MEDE'E.

LE ROY.

PRince, il faut m'acquitter de ce que je vous
    dois,
La Princeſſe vous a ſceu plaire,
De mon Thrône affermi par vos fameux exploits
    Recevez le juſte ſalaire :
Je veux que l'Hymen en ce jour
Soit le prix de voſtre victoire ;
Joignez aux honneurs de la gloire
    Les douceurs de l'Amour.

JASON.

Quel prix d'une flâme ſi belle !
Que mon deſtin a de douceur !
Aprés un tel bien-fait m'eſt-il permis, Seigneur,
    De me flater d'une grace nouvelle ?
Nos Grecs ont partagé mes ſoins & mes travaux,
Ils doivent partager voſtre reconnoiſſance ;

JASON,

Daignez encor à ces Heros
Accorder une récompense.

LE ROY.

Parlez, & quelque bien qui flatte icy leurs yeux,
Ils seront satisfaits, j'en atteste les Dieux.

JASON.

Tant que le Ciel pour eux répandra sa lumiere,
Rien ne peut les toucher que la riche Toison.

LE ROY.

Dieux! que me dites-vous?

MEDE'E à part.

Ah! perfide Jason!

JASON.

Daignez à leur valeur guerriere
Ouvrir cette noble carriere.

MEDE'E à part.

Juste Ciel! quelle trahison!

LE ROY.

Quoy, Prince, ignorez-vous que la Toison ravie
Met en péril & mon Sceptre & ma vie;
En voulez-vous précipiter la fin?
Et pourquoy vous charger des ordres du destin?

JASON.

Le Dieu du Jour vous donna la naissance,
Un grand peuple est soûmis à vôtre obéissance;

Vos ennemis gémissent dans vos fers,
Tout comble icy vôtre bonheur extrême :
Vous n'avez plus à craindre un funeste revers,
Vôtre sort desormais dépendra de vous-même.

Pour nous qu'un fier Tiran tient à ses loix soûmis,
Tel est le malheur qui nous presse,
Qu'une honteuse mort nous attend dans la Grece,
Si de nôtre retour la Toison n'est le prix.

LE ROY.

Mais sçavez-vous qu'un projet si coupable
Rend vôtre perte inévitable ?
Quelle fureur vous porte à chercher le trépas ?

JASON.

La mort ne nous étonne pas,
Plus le peril est redoutable
Et plus la victoire a d'appas.

LE ROY.

J'ay juré de vous satisfaire,
Je ne sçaurois m'en dégager ;
Puisqu'un avis sincere
Ne sçauroit vous changer,
Allez éxécuter un dessein téméraire,
Les Dieux prendront le soin de me vanger.

SCENE QUATRIE'ME.

JASON, MEDE'E.
JASON.

D*Ans quel mortel chagrin un tel discours me*
    laisse,
Que je sens un cruel tourment !
Vous me fuyez, chere Princesse,
Quoy! m'abandonnez-vous en cet accablement ?

MEDE'E.

Je fuis un traître, un infidéle,
Qui n'a que trop merité mon couroux.

JASON.

Plaignez plûtost ma fortune cruelle,
Du plus ardent amour mon cœur ressent les coups ;
Mais je ne puis trahir la Gloire qui m'apelle ;
    Si je dois vivre pour vous,
    Je dois vivre aussi pour elle.

MEDE'E.

Contre un Roy généreux qui par mille bienfaits
    S'empresse à combler tes souhaits,
    Former un dessein perfide,
    Traître, sont-ce là les effets
    De la gloire qui te guide ?

JASON.

JASON.

Exilez du climat qui nous donna le jour,
Un serment solemnel engage nôtre gloire
A meriter nôtre retour
Par cette éclatante victoire.

MEDE'E.

Malheureux ! j'ay pitié de ta temerité,
Tu cours à ta perte certaine ;
Apprens en quelle extrémité
Ton funeste dessein t'entraîne.

Deux Taureaux indomtez sont les premiers ram-
parts
Qui deffendent le champ de Mars ;
La flâme qui se mêle à leur brûlante haleine
Forme autour d'eux un affreux tourbillon ;
Il faut forcer leur fureur inhumaine
A tracer sur la plaine un penible sillon ;
Aussi-tôt du sein de la Terre
Tes yeux verront de toutes parts
Sortir des Escadrons épars,
Qui se rassembleront pour te livrer la guerre :
Ce n'est pas tout encor : Un Dragon furieux
Fait dans ce lieu terrible une garde constante ;
Jamais le doux sommeil n'approcha de ses yeux,
Rien ne sçauroit tromper sa fureur vigilante :
La mort, la plus cruelle mort
Sera le prix de ton audace.

C

JASON.

Non, non, je ne crains point le coup qui me menace,
Mon courage & les Dieux font garands de mon
    fort.

MEDE'E.
C'en eft donc fait volage,
Puifque mes foins font fuperflus,
Va, cours, je ne te retiens plus ;
Acheve d'accomplir un projet qui m'outrage ;
Mais aprés les perils dont je t'ay peint l'horreur
Redoute encore Medée & fa fureur.

SCENE CINQUIE'ME.

JASON feul.

Vaine fureur, impuiffante colere,
Non, non, ce n'eft pas toy qui caufes mes tourmens ;
Je fouffre beaucoup plus de l'indigne miftere
    Qui cache icy mes fentimens :
    Vaine fureur, impuiffante colere,
Non, non, ce n'eft pas toy qui caufes mes tourmens.

    Quelle pompe éclatante
    S'approche de ces bords !
    D'où naiffent ces nouveaux accords ;
A mes regards furpris quel objet fe prefente ?

C'est Hipsipile, ô Ciel! en croiray-je mes yeux?
    Quel sort l'a conduit en ces lieux!
    Mon ame confuse éperduë
    Soûtiendra-t'elle encor sa vûë?
Elle vient, je la vois, Dieux qui l'avez permis,
Sont-ce là les secours que vous m'aviez promis?

SCENE SIXIE'ME.

HIPSIPILE sortant d'un Char traîné par quatre Dauphins, sur lequel Neptune l'a fait conduire en Colchide.

ENfin je vous revois, & mon ame interdite. . . .
    Que vois-je? & quelle est ma douleur?
    Quoy Jason me voit & m'évite!
Un noir pressentiment s'empare de mon cœur;
O Neptune! en ces lieux ne m'auriez-vous con-
   duite
Que pour voir de plus prés son crime & mon mal-
   heur?

Soupçons mal éclaircis, jalouse inquiétude,
    Ah! que vous déchirez mon cœur!
Que ne prouvez-vous mieux sa noire ingratitude
    Sans tenir mon ame en langueur?
Soupçons mal éclaircis, jalouse inquietude,
    Ah! que vous déchirez mon cœur:

Si des maux de l'Amour l'absence est le plus rude,
J'en ay soûtenu la rigueur ;
Mais le mal que je souffre en cette incertitude
De tout mon courage est vainqueur :
Soupçons mal éclaircis, jalouse inquietude,
Ah! que vous déchirez mon cœur!

SCENE SEPTIE'ME.

HIPSIPILE, NEPTUNE.

NEPTUNE.

N'Accuse plus ton Heros d'inconstance,
Son cœur t'aime toûjours avec sincerité,
Sur les rapports trompeurs d'une vaine apparence
Ne doute plus de sa fidelité.

Divinitez qui regnez sur les ondes,
Nereïdes, Tritons, Dieux soumis à mes loix,
Quittez vos retraites profondes,
Venez remplir ces lieux du bruit de vostre voix ;
Et vous Peuples de ce rivage,
Par vos jeux & par vos concerts
Rendez à cette Reine un éclatant hommage ;
Jamais Venus sortant du sein des Mers
Ne fit voir à vos yeux un plus riche assemblage
De graces & d'attraits divers.

SCENE HUITIE'ME.

HIPSIPILE. Troupe de Tritons
& de Nereïdes.

CHOEUR.

Par nos jeux & par nos concerts
Rendons à cette Reine un éclatant hommage ;
Jamais Venus sortant du sein des Mers
Ne fit voir à nos yeux un plus riche assemblage
De graces & d'attraits divers.

Une Nereïde.

Toûjours l'Empire des Mers
N'est pas sujet au naufrage ,
Toûjours les vents & l'orage
N'éclatent pas dans les airs :
Mais dans l'amoureux Empire
Incessamment on soûpire.

CHOEUR.

Chantons une Reine si belle ,
Celebrons ses attraits charmans ,
Signalons par nos chants
L'ardeur de nostre Zéle :

J A S O N ,

Que le Dieu des amans
Qui dans ces lieux l'appelle,
Forme toujours pour elle
Les plus heureux momens.

HIPSIPILE.

Vos jeux ont des charmes pour moy:
Mais mon devoir m'engage à voir le Roy,
Et mon amour prés de Jason m'appelle;
Laissez-moy quitter ce séjour,
Les plaisirs les plus doux loin d'un amant fidele,
Sont autant de momens dérobez à l'Amour.

FIN DU SECOND ACTE.

ACTE III.

Le Théatre repréfente le Palais d'Aëte.

SCENE PREMIERE.

MEDE'E feule.

Fatal couroux, haine mortelle,
Venez, me fecourir contre un amour rebelle.
Par un mépris plein de froideur
J'avois cru me guerir de ma honteufe flâme;
Mais le jaloux tranfport qui régne dans mon ame
Me fait connoiftre mon erreur.
Fatal couroux, haine mortelle,
Venez, me fecourir contre un amour rebelle.

La Reine de Lemnos a paru dans ces lieux,
Qu'y vient-elle chercher? quel foin fecret l'apelle?

JASON;

Mon perfide a senti le pouvoir de ses yeux;
Qu'ils ont d'attraits ! Dieux qu'elle est belle !
Que je sens redoubler contr'elle
Mes transports furieux !

Je la voy qui s'avance;
Pénétrons le secret de leur intelligence !

SCENE SECONDE.

MEDE'E, HIPSIPILE.

MEDE'E.

A Vos charmes puissans que ne devrons-nous pas !
Que cette heureuse Cour en reçoit d'avantage !
Ils vont de nos tristes Climats
Bannir ce qu'ils ont de sauvage :
Sans vous, sans vos divins appas,
L'amour n'auroit jamais embelli ce rivage.

HIPSIPILE.

Tout respire en ces lieux l'innocence & la paix,
Tout m'y paroît doux & tranquille ;
Mais, helas ! il n'est point d'azile
Pour les cœurs que l'amour a blessez de ses traits.

Dans cette illustre Cour je voy chacun me rendre
Tout ce qu'en mes Estats j'aurois osé prétendre ;
Jason seul à mes yeux prend soin de se cacher.

MEDE'E.

MEDE'E.

Jason se voit comblé d'une gloire immortelle,
Il ne luy restoit plus que d'estre Amant fidelle,
Au soin de ses amours rien ne peut l'arracher.

HIPSIPILE.

Quoy dans ces lieux Jason seroit sensible !

MEDE'E.

Vôtre cœur en semble étonné ?

HIPSIPILE.

Je croyois qu'à la gloire un Héros destiné
Aux plaisirs de l'amour estoit inaccessible.

MEDE'E.

Le plaisir peut avoir son tour
Aprés une illustre victoire,
Un Héros se doit à l'Amour
Quand il est quitte avec la Gloire.

HIPSIPILE.

De mes empressemens, Ciel ! quel triste succés !
Pour luy seul en ces lieux ma tendresse m'appelle,
Et je voy l'infidelle
Soupirer pour d'autres attraits.

Avant qu'un Amant nous engage
Ne peut-on s'assurer de sa fidelité ?
Faut-il pour connoistre un volage
Qu'il en coûte la liberté ?

D

MEDE'E.

Ne vous piquez point de constance,
Oubliez un perfide Amant.
Le mépris & l'indifference
Doivent punir le changement.

HIPSIPILE.

Non, non, mon foible cœur n'est plus en ma puissance
D'une trop vive ardeur il se sent animer.
     Contre un ingrat qui nous offense
En vain d'un fier couroux nous voulons nous armer
   Jamais l'amour n'a tant de violence,
     Que lors qu'on veut ne plus aimer.

Je ne puis étouffer une flame fatale.
Mais je sens en mon ame un secret mouvement
    Qui tourne contre ma Rivale,
La haine que je dois à ce perfide Amant.

MEDE'E à part.

C'en est trop. Je me livre aux conseils de ma rage,
Sortons. Je ne veux pas en sçavoir davantage.

SCENE TROISIE'ME.

HIPSIPILE seule.

DEquoy me servez-vous contre un ingrat que
    j'aime
   Foible raison, inutile secours ?
Puis-je écouter helas ! vos superbes discours
Quand mon cœur révolté s'arme contre moy-même?
   Foible raison, inutile secours,
Dequoy me servez-vous contre un ingrat que j'aime?

SCENE QUATRIE'ME.

HIPSIPILE, JASON, ORPHE'E.

JASON.

LE voicy, cet ingrat que vous devez haïr,
   Il se livre à vostre colere.
A vos justes transports vous devez obeïr,
Je suis trop criminel d'avoir pû vous déplaire.

HIPSIPILE.

Cruel, vous sçavez trop que mon foible couroux
   Ne sçauroit vaincre ma tendresse.
Et vous venez icy joüir de la foiblesse
   Que vous sçavez que j'ay pour vous.

JASON.

De la plus tendre ardeur mon ame est possedée,
Je n'adore que vos beaux yeux :
Mais le prix éclatant qui m'attire en ces lieux,
Dépend du pouvoir de Medée ;
Et si j'ay feint pour elle une coupable ardeur,
C'est un crime des Dieux & non pas de mon cœur.

HIPSIPILE.

Ciel! que me faites-vous entendre ?
Medée est ma Rivale ? Et dans ce triste jour
C'est elle à qui je viens d'apprendre
Mon desespoir & mon amour.

Infortunée, helas! je n'ay plus d'esperance.
Mes maux ne sont plus incertains.
Medée, il est trop vray, cause vostre inconstance,
Son art, sa beauté, sa puissance,
Tout m'assure à la fois du malheur que je crains.

JASON.
Ah! perdez des soupçons si vains.

Medée aux Elémens peut declarer la guerre,
Son art confond les Cieux, l'Enfer, l'Onde & la
Terre,
Il soumet la nature & transporte à son choix,
Les Rochers, les Monts & les Bois;
Mais contre l'aimable Hipsipile
Dans le cœur de Jason sa force est inutile.

HIPSIPILE.

Helas ! je n'ose l'espérer.

JASON

Bannissez d'injustes allarmes.

HIPSIPILE.

Que je crains Medée & ses charmes !

JASON.

Mon amour doit vous rassurer.

HIPSIPILE.

Que vos discours ont de puissance !
C'en est fait, & mon cœur se rend à vos sermens :
Heureuse d'avoir pû juger par mes tourmens,
De mon amour & de vostre constance.

JASON, HIPSIPILE, ORPHE'E.

Ne nous plaignons point des rigueurs
Où le tendre amour nous expose,
Souvent ses plus vives douceurs
Sont le fruit des maux qu'il nous cause.

SCENE CINQUIE·ME.

JASON, HIPSIPILE, ORPHE'E, MEDE'E.

MEDE'E.

Quel objet frape icy mes yeux ?
Que vois-je ? ma Rivale & Jason dans ces lieux ?
Ah ! c'est trop differer une juste vengeance ;
Eclatez, il est tems, mes jalouses fureurs.
Perfides aprenez à craindre ma puissance,
Que ce Palais se change en un sejour d'horreurs.
Demons, Monstres affreux, joignez-vous à ma rage,
Quittez le tenébreux rivage,
Venez, accourez, vangez-moy
D'une indigne Rivale & d'un Amant sans foy.

Elle sort. Le Palais devient un lieu effroyable.
Plusieurs Demons & plusieurs Monstres se presen-
tent pour servir la colére de Medée.

JASON, HIPSIPILE, ORPHE'E.

Ah ! que d'objets épouvantables !
O Dieux ! soyez-nous secourables.

JASON.

Divin Orphée à qui les Dieux
Ont prodigué des Sons la science charmante,
Par les accens mélodieux
De ta Lyre sçavante
Suspens la Rage menaçante
De tant de Monstres furieux.

On entend une douce Symphonie. Orphée
chante & la fureur des Monstres s'assoupit.

ORPHE'E.

Fille du Ciel, ô divine harmonie,
Répans icy ta douceur infinie.

Tu peux calmer
La fureur & la rage,
Tu sçais charmer
Le cœur le plus sauvage.

De tes douceurs
Quel cœur peut se deffendre ?
Tes sons flateurs
Forcent tout à se rendre.

Fille du Ciel, ô divine harmonie
Répans icy ta douceur infinie.

JASON,
Monstres terribles
Calmez vos sens,
Soyez sensibles
A mes accens.

Fille du Ciel, ô divine harmonie
Répans icy ta douceur infinie.

HIPSIPILE.

Quel est d'un si grand art l'effet prodigieux?
JASON.

Des Enfers déchaînez il calme la colére.

HIPSIPILE, JASON, ORPHE'E.

Mais quelle main puissante & salutaire
Pourra nous arracher à l'horreur de ces lieux?

SCENE SIXIE'ME.

JASON, HIPSIPILE, ORPHE'E,
L'AMOUR sur un nuage.

L'AMOUR.

L'*Amour vient terminer vostre peine cruelle,*
Tendres Amans soyez heureux.
Disparoissez, Monstres affreux,
Rentrez dans la nuit éternelle.
Venez, charmans Plaisirs, changez ces tristes lieux,
En des Jardins délicieux.

Amans

Amans, conservez l'esperance,
Tost ou tard un heureux moment
Est la récompense
De vostre tourment.
Quand aprés de longues chaînes
L'amour comble vos desirs,
Le souvenir de vos peines
Doit redoubler vos plaisirs.

Marquez, aimables Jeux, vostre réjoüissance,
Que tout ressente icy l'amour & sa puissance.

SCENE SEPTIE'ME.

JASON, HIPSIPILE, ORPHE'E, Troupe de Plaisirs.

CHOEUR.

LEs Plaisirs & les Jeux sont icy de retour,
Que de cœurs aujourd'huy vont se rendre à
l'amour!

UN PLAISIR.

Le chagrin épouvante
Un Dieu si charmant;
Mais une ame contente
S'enflame aisément:

E

1

JASON,

Les Ris, les Plaisirs, les beaux jours
Font naistre les amours.

UN AUTRE PLAISIR.

Quel destin peut avoir plus de charmes?
Tous nos jours vont couler sans allarmes,
L'amour nous fait sentir les plus doux de ses traits,
Il réserve pour nous les biens les plus parfaits.

CHOEUR.

Qu'à nos Jeux chacun s'interesse,
Redoublons nos chants d'allegresse,
Célébrons à jamais les charmantes douceurs
Que les feux de l'amour font naistre dans les cœurs.

Les Plaisirs & les Jeux sont icy de retour,
Que de cœurs aujourd'huy vont se rendre à l'Amour!

SCENE HUITIE'ME.

MEDE'E seule.

DE quel étonnement je sens saïsir mon cœur !
Où suis-je? où sont ces lieux élevez par ma rage?
Quand je léve le bras pour vanger mon outrage,
Quelle invisible main enchaîne ma fureur?

Que tardons-nous ? allons, renouvellons mes charmes,
Remplissons ce séjour de nouvelles allarmes.
Enfers, écoutez-moy. Tout est sourd à ma voix.
Démons, obéïssez. Tout méprise mes loix.
    N'ayons plus d'espoir qu'en ma rage,
C'est l'unique recours des cœurs désesperez ;
        Une Rivale qu'on outrage
        Porte des coups plus asseurez
Que les Demons, l'Enfer & les Dieux conjurez.

Hâtons-nous... Mais, ô Dieux! quelle pitié soudaine
        S'oppose à mes transports jaloux?
        Vains efforts d'une juste haine,
Contre l'amour, helas ! dequoy nous servez vous ?

        Cependant ma crainte redouble,
L'antre de la Sibille est voisin de ces lieux,
        Allons luy confier mon trouble,
Qu'elle éclaircisse enfin un mistére odieux.

FIN DU TROISIE'ME ACTE.

ACTE IV.

Le Theatre repréſente l'Antre de la Sibille, à l'entrée duquel paroît un Arbre conſacré à Apollon, & plus loin un Temple dédié à cette Divinité.

SCENE PREMIERE.

Troupe de Suivantes de la Sibille.

CHOEUR.

Oin d'icy mortels indiſcrets,
Eloignez-vous de nôtre azile,
Ne troublez pas l'heureuſe paix
Qui regne en ce ſéjour tranquille.

Une des Suivantes de la Sibille.

La Sibille ſéjourne en ces lieux ſouterains,
Elle y dicte aux mortels les ordres ſouverains.

Des arbitres de la Nature,
Le Livre des Deſtins eſt ouvert à ſes yeux,
Et ſon ſçavoir miſterieux
Du profond avenir perce la nuit obſcure.

CHOEUR.

Loin d'icy mortels indiſcrets,
Eloignez-vous de nôtre azile,
Ne troublez pas l'heureuſe paix
Qui regne en ce ſéjour tranquille.

Deux des Suivantes de la Sibille, & le Chœur.

Nous goutons un ſort plein d'attraits,
Nous vivons en paix
Dans ce lieu tranquille;
Nous goutons un ſort plein d'attraits,
Nous vivons en paix
Nos biens ſont parfaits.

La charmante felicité
N'a jamais quitté
Cet heureux azile,
Les chagrins qui ſuivent l'amour
N'oſeroient troubler un ſi beau ſéjour;
Nous goutons un ſort plein d'attraits,
Nous vivons en paix
Dans ce lieu tranquille,
Nous goutons un ſort plein d'attraits,
Nous vivons en paix
Nos biens ſont parfaits.

JASON,

Gardons-nous de livrer nos cœurs
Aux appas trompeurs
D'un bonheur fragile,
Les plaisirs dont on est flaté
Peuvent-ils payer nostre liberté.
Nous goutons un sort plein d'attraits, &c.

CHOEUR.

Quelle mortelle audacieuse
Ose porter icy ses regards curieux,
Et par sa présence odieuse
Troubler le repos de ces lieux ?

SCENE SECONDE.

Troupe &c. MEDE'E, LA SIBILLE.

MEDE'E.

*C*almez *une crainte inutile,*
Je ne viens point troubler vos plaisirs innocens,
Je viens consulter la Sibille,
Puisse-t'elle adoucir les maux que je ressens.

Le Chœur s'éloigne, & Medée continuë en
s'adressant à la Sibille.

Toy, qui dans ce lieu solitaire
Des profanes humains fuis l'importunité,
Du secret d'Apollon sainte dépositaire,
Toy, pour qui l'avenir est sans obscurité;
Daigne de mon destin dévoiler le mistere,
Et fais-en à mes yeux briller la verité.

Jason me cause une peine mortelle.
Ma raison & mes yeux me l'ont peint infidelle,
Mais mon amour dément mes yeux & ma raison.
Eclaircy cette incertitude,
Je souffre plus de mon inquietude
Que je ne souffrirois de voir sa trahison.

LA SIBILLE.

Cesse de vouloir me contraindre,
Ne cherche plus à t'assurer
Des malheurs que ton cœur peut craindre,
C'est toujours un bien d'esperer,
Et les maux ne sont point à plaindre
Tant que l'on peut les ignorer.

MEDE'E.

Non, rien ne peut changer le dessein qui m'apelle,
Si Jason me trahit je mourray de douleur,
Mais une promte mort me sera moins cruelle
Que le jaloux soupçon qui devore mon cœur.

LA SIBILLE.

Vers ces Antres inhabitables
Voy s'élever aux Cieux cet Arbre révéré,
C'est sur son feüillage sacré
Que j'écris du Destin les loix irrévocables ;
Mais du sage Apollon les ordres éternels
Deffendent aux cœurs criminels
De joüir de cet avantage.
Si par quelque noirceur ton cœur est profané,
Tu verras dans les Airs disperser ce feüillage
De la fureur des Vents joüet infortuné.

MEDE'E.

Approchons-nous. O Ciel ! mon esperance est vaine.
J'entens déja gronder les fougueux Aquilons.
Quels affreux sifflemens ! Quels épais tourbillons !
Tout l'empire d'Eole en ces lieux se déchaine.

Les Vents sortent de l'Antre & dissipent les
feüilles de l'Arbre.

MEDE'E.

Prestresse d'Apollon daigne employer ta voix
Pour m'expliquer du Ciel les redoutables loix.

LA

LA SIBILLE.

Je vay répondre à ton attente,
Mes sens sont agitez d'une sainte fureur.
Le fatal avenir à mes yeux se presente.
Dieux! quel spectacle plein d'horreur!
Tu meurs, ô déplorable amante;
Tu t'immoles toy mesme à ta vaine terreur;
Et ta Rivale triomphante
Joüit en paix de ton erreur.
Mais quel forfait épouvantable
Va cimenter son bonheur odieux?
Tremble malheureuse coupable,
Crain le juste couroux des Dieux.

MEDE'E seule.

Quel Enigme fatal! Est-il un sort plus rude?
O funeste embarras! Oracles superflus!
Chaque moment fait naître à mon esprit confus,
Un abisme d'incertitude.

Suivons mes premiers sentimens,
Il faut qu'Hipsipile perisse,
Allons par mes discours & par mon artifice;
Faire servir ses feux à mes ressentimens.

FIN DU QUATRIE'ME ACTE.

ACTE V.

Le Théatre repréſente un Bois ſur le de-
vant, & le Champ de Mars dans l'en-
foncement.

SCENE PREMIERE.

HIPSIPILE.

*A*H! que je ſens d'inquiétude!
Ne pourray-je ſortir du trouble où je me
    voy?
Mon amant va combattre en cette ſoli-
    tude,
Tout y redouble mon effroy;
Ah! que je ſens d'inquiétude!

La mort dans ces funeſtes lieux
Sous mille horribles traits ſe préſente à mes yeux;
Dieux! s'il faut que Jaſon périſſe,
Epargnez-moy l'horreur de le voir expirer;
Si ſa mort doit nous ſeparer,
Que mon trépas nous réüniſſe.

SCENE SECONDE.

HIPSIPILE, MEDE'E.

MEDE'E.

C'Eſt trop perſécuter voſtre innocente ardeur.
J'ouvre les yeux enfin, & vois mon injuſtice.
Oubliez, s'il ſe peut, un aveugle caprice
Qui n'a ſervy qu'à tourmenter mon cœur.
Jaſon m'avoit fait une offence,
Contre luy, contre vous, mon dépit s'eſt armé:
Il eſt mort. Son trépas a remply ma vangeance,
Les Deſtins l'ont puny, mon couroux eſt calmé.

HIPSIPILE.

Qu'entens-je, malheureuſe?

MEDE'E.

Hé quoy? pouviez-vous croire
Que ſon orgueil ambitieux
Le pourroit emporter ſur Medée & les Dieux?

JASON,

Séduit par les appas d'un fol espoir de gloire
Il a voulu braver la mort ;
Voyez-le sans couleur étendu sur ce bord.

Elle fait paroître l'image de Jason étendu mort.

HIPSIPILE.

Dieux ! quelle sanglante victime !
Ciel ! ô Ciel ! quelle cruauté !

MEDE'E.

Vostre douleur est legitime,
Il vous aimoit avec fidélité.

HIPSIPILE.

C'en est donc fait, je pers tout l'espoir qui me reste,
Dieux cruels, Dieux jaloux, vous estes satisfaits.
O pressentiment trop funeste !
Tu m'avois annoncé la perte que je fais.
Mais je puis m'affranchir d'un si cruel supplice,
Et ce fer va finir ma vie & mes douleurs.
Reçoy ce sanglant sacrifice,
Chére ombre, cher amant, c'est pour toy que je meurs.

Elle se tuë.

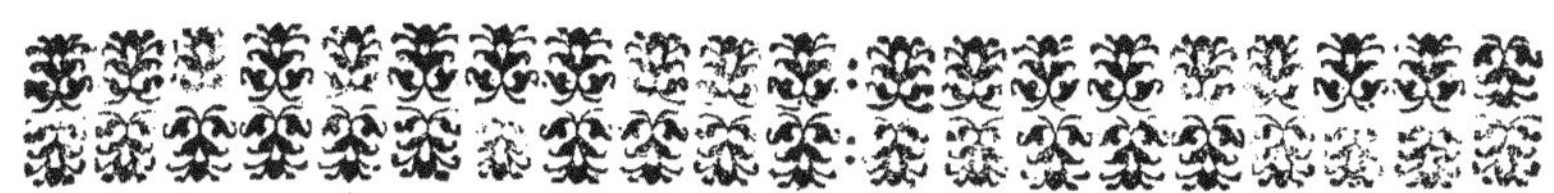

SCENE TROISIE'ME.

M E D E'E seule.

MEurs, objet odieux, satisfay mon envie.
Le coup précipité qui t'arrache à la vie
 Ne fait qu'épargner à mon bras
 Le soin d'achever ton trépas.
C'en est fait, mon amour n'a plus rien qui le gêne,
Suivons-en désormais les tendres mouvemens ;
 Déja par mes enchantemens
 J'ay calmé la rage inhumaine,
Des farouches Taureaux qui défendent ces lieux,
Achevons, & rendons Jason victorieux ;
Que ce rare bien-fait dans mes nœuds le ramene :
Que dis-je ? malheureuse ! & quel est mon espoir ?
Ciel ! puis-je ainsi trahir la loy de mon devoir ?
Dans le fonds de mon cœur je l'entens qui murmure,
Qu'un reste de vertu nous coute de remors !
Cessez, cruels combats, inutiles efforts,
C'est trop renouveller le tourment que j'endure,
 Les droits de l'amour sont plus forts
 Que tous les droits de la nature.

SCENE QUATRIE'ME.

MEDE'E, LE ROY.

LE ROY.

SCavez-vous la rigueur des Deſtins en couroux ?
Les Grecs ſont triomphans.

MEDE'E.

      Seigneur, que dites vous ?

LE ROY.

Déja les fiers Taureaux, qui de cette carriére
  Deffendoient l'affreuſe barriére,
 Ont ſuccombé ſous l'effort de leurs coups.
  Aprés un ſi grand avantage
  Que ne pourra point leur courage ?
Ah ! s'il faut que le ſort ſoit propice à leurs vœux,
Que deviendray-je, helas ! Monarque malheureux ?

MEDE'E.

  Par ce noir & fatal préſage
  Pourquoy troubler voſtre repos ?
  Si dans l'Empire de Colchos
Du pouvoir ſouverain la Toiſon eſt le gage ;
Le Throne de Scithie aquis par vos Exploits,
  N'eſt point ſujet à ces injuſtes loix.

Mais de vos ennemis je préviendray l'audace.
Ils paroissent. Bien-tost la Terre va s'ouvrir,
Mille Soldats armez à leurs yeux vont s'offrir.
Ne vous exposez point au coup qui les ménace.
Allez, & bannissant un inutile effroy
De nos destins communs reposez-vous sur moy.

SCENE CINQUIE'ME.

JASON, ORPHE'E, & les Argonautes.
Troupe de Combatans sortis de la Terre.

JASON, & ORPHE'E.

C*Herchons dans les combats*
Une illustre mémoire.
Le chemin du trépas
Est celuy de la gloire.

JASON.

Invincibles Guerriers, venez, suivez mes pas.
Hatons-nous d'achever cette grande victoire.

LE CHOEUR.

Cherchons dans les combats
Une illustre mémoire,
Le chemin du trépas
Est celuy de la gloire.

Les Argonautes se préparent au combat, & il
sort de la Terre des Soldats tout armez qui fon-
dent sur eux.

SCENE SIXIE'ME,
ET DERNIERE.

JASON, MEDE'E. LES ARGONAUTES.
Troupe de Combatans fortis de la Terre.

MEDE'E en l'air & tenant la Toifon.

Arrêtez. C'eſt à moy de finir cette Guerre,
De vos Combats fanglans voicy l'illuſtre prix;
    Rentrez, fiers enfans de la terre,
Dans le gouffre profond d'où vous eſtes fortis.

Les Combatans font engloutis dans la terre.

JASON.

    De vôtre colére fatale
Venez-vous contre moy renouveller les traits?

MEDE'E.

Ceſſe d'en redouter les funeſtes effets,
    Elle meurt avec ma Rivale;
    Son trépas comble mes fouhaits
Et te punit aſſez des maux que tu m'as faits.

JASON.

Juſte Ciel!

MEDE'E.

De mon cœur je ne fuis plus maîtreſſe,
    La nature céde à l'amour;

Je

Je t'offre la Toison & je vay dans la Gréce,
Par ce gage éclatant racheter ton retour.

Elle s'envole.

JASON.

Ne croy pas m'échapper, cruelle,
Il faut que de ta mort ce gage soit le prix,
Et que mon bras plongé dans ton sang infidelle,
Apaise les funestes cris
De celuy qu'à versé ta rage criminelle.

Jason se trouble, & croit estre descendu aux Enfers.

Mais quel trouble soudain s'empare de mes sens ?
Mes yeux sont obscurcis par d'affreuses tenebres,
Où suis-je ? quels objets funebres !
O Ciel! quels lugubres accens !
Quelle ombre !... Ah charmante Princesse !
Je vous revois ? Dieux ! quel bonheur!

ORPHE'E.

Jason connoissez vôtre erreur ,
Embarquons-nous, venez, le tems nous presse.

JASON.

Ciel! quel nuage épais la dérobe à mes yeux ?
Peuples cruels de ces Royaumes sombres ,
Impitoyables ombres ,
Pourquoy m'arrachez-vous un bien si precieux ?

ORPHE'E.

Etouffez une vaine flame
Partons, éloignons-nous de ces funestes bords.

G

JASON,

JASON.

Un calme heureux succéde à mes transports,
La raison revient dans mon ame;
Je reconnois enfin ce barbare séjour,
Ces lieux où j'ay perdu l'objet de mon amour.

Ne tardons plus, cédons à la fureur extréme
Que m'inspire un juste transport,
Partons, & que bien-tost ma mort
Succéde à la douceur de vanger ce que j'aime.

FIN DU CINQUIE'ME ET DENIER ACTE.

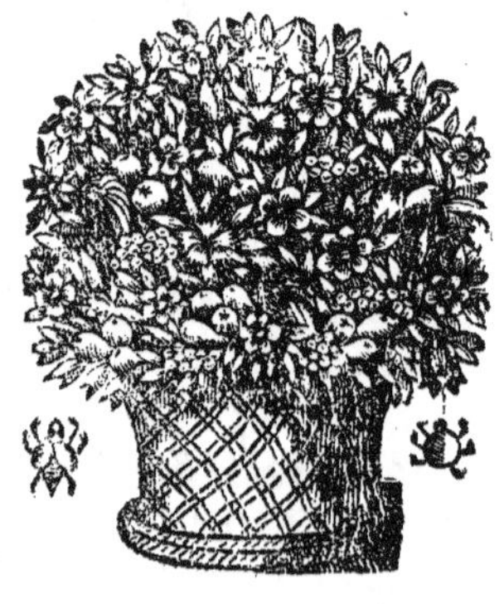